about me

# about me

## das 150. buch

by Paul Grün

ISBN: 978-3-7568-8364-6

# übersicht

November 2022. Hier ist es nun. Mein 150. Buch.

Lange habe ich überlegt, welchen Inhalt dieses für mich besondere Werk enthalten soll:

1. Ein Kapitel aus jedem der 149 vorherigen Bücher?!

2. Soll es ein Best-of aus den meistverkauften Büchern werden!?

3. Schreibe ich über mich!?

4. Ein beliebiges Buch, welches einen kurzen Hinweis auf mein Jubiläum beinhaltet!?

Wie Sie unschwer erkennen können, habe ich mich für Punkt 3 entschieden.

Warum?

Ich mag mich. Ich finde mich gut und glaube nicht, dass es sonst jemand machen wird. Und das finde ich schade. Nicht, dass dies ein großer Verlust für die Menschheit wäre, oder dass meine Existenz irgend einen besonderen Beitrag zu irgend etwas auf der Welt beigesteuert hat –

bisher.

Aber trotzdem, wenn man die Möglichkeit und das Können dazu besitzt, sollte man es machen.

*- Just do it! -*

Am meisten bereut man am Ende immer die Dinge, die man nicht getan hat. Vermutlich, weil man nicht weiß, was passiert wäre, wenn man sie doch getan hätte.

Darum habe ich es getan. Außerdem habe ich zu diesem Zeitpunkt auch gerade nichts besseres zu tun gehabt.

Dennoch: Warum fühle ich mich dazu berufen, ein Buch über mich selbst zu schreiben? Warum erwarte ich, dass es Menschen geben wird, die für dieses Buch Geld bezahlen werden?

Das erwarte ich gar nicht. Ich habe, wie eben schon beschrieben, gerade nichts anderes zu tun und ich hätte eben gerne ein Buch über mich in meinem Regal stehen. Es wird zusammen mit der kleinen weißen Büste von mir, dem Klemmbausteinmodell eines alten Rolls Royce

Cabrio und den beiden Büchern „Emma Wilks und der Saphir der Weisheit" und „Fußballwetten – Gold Edition" auf der mittleren Ebene meines schwarzen Kunststoffsteckregals, neben meinem Wohnzimmerschrank, stehen, so dass ich es von meinem Platz auf der Couch aus, jederzeit ansehen und mich daran erfreuen kann. Dies ist möglich, weil wir in ganz fantastischen Zeiten leben, die den Menschen mehr Möglichkeiten bieten, als jede andere Epoche zuvor. Das Schlüsselwort lautet: self-publishing!

Ein Mensch schreibt irgend etwas, bezahlt die Einrichtungsgebühr und schon ist sein „Werk" für die ganze Welt verfügbar. Wer will kauft, wer nicht, der eben nicht. So einfach ist die Welt (leider nicht).

Ich jedenfalls möchte dieses Buch über mich publiziert wissen.

Also habe ich es getan.

Juhu!

#lifeisbeautiful

Aber nun ernsthaft. Ich rechtfertige mein Ansinnen damit, dass ich heute (10.11.2022) sehr zufrieden mit mir und meinem Leben bin. Es geht mir besser, als den meisten anderen Menschen, sowohl wirtschaftlich als auch von der Lebensfreude und der mentalen Gesundheit her.

*- An dieser Stelle möchte ich direkt darauf hinweisen, dass alles, was ich schreibe und sich nach Ahnung, Wissen oder fundierter Meinung anhört, einfach nur meine persönliche Wahrnehmung der Dinge, meine persönlichen Erfahrungen mit Menschen und meiner Umwelt wiedergibt. Es gibt keine Gewähr für Richtigkeit oder Unwiderlegbarkeit. -*

Allerdings nehme ich wahr, dass fast alle Menschen in meinem sozialen Umfeld schwerwiegendere, größere und sehr viel komplexere Probleme im Alltag haben, als ich.
Die Gegenwart, also das „JETZT", ist immer die Summe aller Entscheidungen, die wir in unserem

Leben getroffen haben.

Mein „JETZT" ist absolut fantastisch!

Aus diesem Grund – und nur aus diesem Grund – bin ich der Ansicht, dass viele, viele, viele meiner Ideen, Überzeugungen, Ansichten und Entscheidungen, objektiv gesehen, richtiger / besser gewesen sind, als die anderer Menschen, die gleichfalls die Möglichkeit besessen haben, diese Entscheidungen für sich zu treffen. Sonst würde es mir heute nicht besser gehen, als den meisten anderen Menschen in diesem Land. Und – logischerweise – sind diese Ideen, Überzeugungen, Ansichten und Entscheidungen anders gelagert, als die der allgemeinen Bevölkerung und können deshalb befremdlich, überheblich oder allgemein unangenehm auf den Leser wirken.

*- Grundsatz: Wenn du das tust, was alle tun, wird es dir ergehen, wie es allen ergeht. -*

Das habe ich nie gewollt. Das habe ich, soweit es möglich gewesen ist, nicht getan. Manchmal sogar zu meinem Nachteil – ja, alles hat zwei Seiten. Es gibt nichts, was perfekt ist. Aber es gibt objektiv „besser und schlechter".

Und hier stehen wir nun. In Deutschland. In einem Land, welches sich eine freiheitlich-demokratische und kapitalistische Grundordnung gegeben hat.

Wirtschaftlich geht es mir fantastisch und ich habe die Möglichkeit zu sagen, was ich möchte und wie ich es möchte (im Rahmen der derzeit geltenden Gesetze). Ich darf meine ureigenen Ansichten verlauten, ich darf mit dem Strom schwimmen oder gegen denselben. Und wie auch immer, alle anderen haben das auszuhalten.

Und an dem Punkt sind wir jetzt:

Haltet mich aus. Viel Spaß!

Ich bin im Juli 1979 im Saarland geboren. Mein Vater ist Industriekaufmann und meine Mutter examinierte Krankenschwester. Ich habe einen sieben Jahre jüngeren Bruder.

Ich bin seit meiner Geburt im Saarland wohnhaft. Habe hier den Kindergarten, die Schule und die Hochschule besucht.

Ich bin unverheiratet, ohne eigene Kinder und lebe aus Überzeugung in einer Mietwohnung („Eigentum verpflichtet" und ich möchte mir keinen unnötigen Stress – freiwillig - auferlegen).

Ich bin etwa 1,94m groß und wiege je nach sportlicher Aktivität, Lust und Laune zwischen 88 und 100 Kilogramm („Rad fahren und schwimmen machen voll Spaß!" vs. „mmmmh Familienpizza und Couch!").

Ich habe braune Augen, besitze eine blonde Resthaarfrisur und bin ansonsten anatomisch korrekt.

15

Kommen wir nun aber zum eigentlichen Thema dieses Buches: Bücher schreiben. Autor sein.

Meiner Ansicht nach, kann jeder Mensch Autor sein. Im Gegensatz zum Schriftsteller.

Ein Autor ist meiner Meinung nach ein Mensch, der etwas schreibt. Egal was. Kurzgeschichte, Gedicht, Einkaufszettel, Inventarliste oder einen ganzen Roman.

Fangen wir aber am Anfang an. Wie bin ich zum Schreiben gekommen, wieso habe ich gedacht, dass ich das kann und wie funktioniert das?

Auch wenn ich in diesem Buch gänzlich auf die Nennung von Verkaufszahlen, Gewinne, Rezensionen und Meinungen anderer verzichte, so ist es doch glaubwürdig, wenn ich sage, dass es, wie bei jeder anderen künstlerischen Tätigkeit, die mit Gewinnabsicht vollzogen wird, erforderlich ist, dass man einen entsprechenden Gegenwert, sprich finanziellen Erfolg, hat.

Es macht keinen Spaß 149 Bücher und diverse Rätselbücher zu verfassen und zu publizieren, wenn es alle Mist finden und man permanent öffentlich zerrissen wird.

Somit dürfen Sie davon ausgehen, dass ich deswegen 150 Bücher publiziert habe, weil es eine entsprechende Nachfrage nach meinen Produkten gibt. Obwohl ich das mit den Kommas wohl nie wirklich verstehen werde *smile.

Wie hat das alles angefangen?

Als Kind habe ich gerne Comics gelesen. Später, als ich mich dann gefragt habe, was mal aus mir werden soll, ist es mein erster Gedanke gewesen, dass ich ein ganz toller Comicautor (ich habe natürlich Zeichner gemeint) werde. So habe ich angefangen mir Geschichten auszudenken und diese dann zeichnerisch zu Papier zu bringen. Da ich zu beginn noch mein einziger Leser gewesen bin, ist das völlig in Ordnung gewesen. Auch als ich meine Familie (Bruder, Mutter, Vater) mit meiner Kunst in Berührung gebracht habe, sind diese gnädig mit mir gewesen. Während meiner Berufsausbildung hat es dann sogar noch dafür gereicht, dass meine Mitauszubildenden sich meine Comics wohlwollend angesehen haben.

Dennoch bin ich dann Gott sei Dank so selbstkritisch gewesen, dass ich festgestellt habe, dass niemand auch nur einen einzigen Pfennig (ja, das ist schon so lange her) dafür bezahlen wird, meine Werke zu besitzen. Ganz davon zu schweigen, dass es keinen Verlag geben wird, der meine Comics veröffentlichen möchte.

Was ist der Grund gewesen?

Ich kann nicht zeichnen. Also nicht mal die Figuren, die Strichmännchen gewesen sind, deren Köpfe ich mittels umkreisen einer 5 DM Münze gezeichnet habe, haben anständig ausgesehen. Das ist Fakt. Das habe ich eingesehen. Ich habe das zwar bis heute nicht akzeptiert und versuche es immer mal wieder, mich zeichnerisch zu verwirklichen, aber das Ergebnis ist seit über 30 Jahren immer das selbe.

Wie das in der Jugend so ist, fängt Mann an, sich für Filme zu interessieren. Mir haben es besonders die Splatter-/ Horrorfilme a la Halloween, Freitag der 13., Nightmare on Elmstreet und Scream angetan. Aber auch James Camerons „Titanic" ist der blanke Horror für mich gewesen.

Jedenfalls dürfte Fans der oben genannten Genres bekannt sein, dass es mit „gutem" Material, relativ dünn aussieht, wenn man die benannten Filmreihen komplett angesehen hat. Meiner Meinung nach ist das der Grund dafür, weshalb es immer und immer und immer wieder neue Fortsetzungen gibt (und ja, ich sehe sie mir auch alle an).

Also, was tun? Es gibt keinen neuen Stoff – aber ich besitze die erforderliche Fantasie. Und das Konzept ist ja nun auch nicht so komplex. Ein Typ rennt durch einen kleinen Ort in den USA und tötet Menschen. Einfach so, ohne dass es für ihn Konsequenzen hat. Für jemanden wie mich, ein sehr tröstlicher und wohltuender Gedanke (bis heute). Einfach mal rausgehen und alle abstechen. Herrlich!

So ist es dann, während meines Studiums, dazu gekommen (wann sonst hat man mal nebenbei die Zeit für so etwas), dass ich mich daran gesetzt habe, meine eigene Figur zu erfinden:

Benito Baker.

Ein Mann, der mit einem Fechtanzug und einem Eispickel bewaffnet, einer Frau nachjagt, die er über drei Bände einfach nicht erledigen kann. Dafür müssen ganz viele andere Männer, Frauen und Kinder dran glauben. Wunderbar!

Etwa zwei Jahre lang habe ich an diesen drei Büchern geschrieben, die heute unter den Titeln:

Benito – Horror-Splatter-Roman

Benito – Rückkehr nach Smeet

Benito – Johanna Wolfs Rache

gekauft werden können.

Ebenso gibt es einen Sammelband:

Benito – Horror-Splatter-Trilogie (365 Seiten; Preis 11,39€ ISBN: 978-1511683524 ) exklusiv bei Amazon

Nachdem ich nun meine Geschichten soweit fertig geschrieben, korrigiert und ein entsprechendes Cover gestaltet habe, habe ich mich an die Publikation gemacht. Ich habe mich erkundigt, wie, wann und wo man so etwas am besten tut. Letztlich habe ich mich für einen Selbstverlag entschieden, weil ich hier die totale Freiheit bei der Gestaltung und dem Inhalt meiner Bücher habe. Außerdem sind die Wartezeiten bei (großen) „richtigen" Verlagen immer recht lange und die Wahrscheinlichkeit, dass man genommen wird, ist ja auch eher gering. Ein weiterer Gedanke ist gewesen, dass ich mir gesagt habe, dass wenn ich hier Erfolg habe, kann ich einem anderen Verlag etwas nachweisen, womit es mir dann realistischer erscheint, einen Vertrag zu bekommen.

Da letztlich alles gut gelaufen ist, habe ich das nie versucht.

Meine drei Bücher sind nun also publiziert worden, ohne dass es dabei irgend welche

Probleme gegeben hat. Was habe ich dann als nächstes getan? Ich habe jeden Tag drei, vier Mal bei Amazon und der Bestsellerliste des Selbstverlages nachgesehen, wie sich die Massen von Menschen auf meine Bücher stürzen.

Jaaaaa …. neeee, das ist natürlich nicht passiert, weil … ich zwar gewusst habe, dass es meine Bücher gibt, aber sonst keiner auf dem weiten Erdenrund. Mal ehrlich, wie groß ist die Wahrscheinlichkeit, dass ausgerechnet mein Buch / meine Bücher zufällig gefunden oder jemandem als Kaufempfehlung angezeigt werden? Richtig, fast Null.

Blöd. Was also tun?

Geld in Werbung investieren? Flyer verteilen? Bücherläden abklappern und darum betteln eine Chance zu bekommen (wir reden hier immer noch vom Jahr 2002).

Weitere Bücher publizieren ist die Idee gewesen, mit der ich mich am besten anfreunden gekonnt habe. Und zwar Bücher, die die Leute suchen und auch finden werden, weil sie Themen enthalten, für die sich jeder Mensch auf der ganzen Welt interessiert. Sex! Genau. Richtig. Und tatsächlich hat das funktioniert. Ich habe zwei Bücher herausgebracht, die sexuellen Inhalt gehabt haben und habe dann auf den letzten Seiten für meinen Benjamin geworben.

Da mir weiterhin aufgefallen ist, dass ich viel höhere Preise, für viel weniger Inhalt und somit auch viel höhere Margen mit Sexbüchern erzielen kann, habe ich mich von Mitte 2002 – 2004 fast ausschließlich diesem Genre gewidmet.

Parallel dazu habe ich Rätselbücher und Sudokus geschrieben. An der Zahl sind es bis heute 269 Publikationen in diesem Bereich geworden.

An der Stelle sei erwähnt, dass Rätselbücher mit am einfachsten zu schreiben sind, wenn man sie für Kinder konzipiert. So kann zum Beispiel jeder Erwachsene ein Wortsuchrätselbuch schreiben, welches auf einer Seite sieben Farben, sieben Tiere, die auf einem Bauernhof leben oder sieben verschiedene Haustiere enthält. Gerne auch im Großdruck, damit die Kinder es leichter haben. Das wird gekauft und alle sind glücklich. Hier ist es fast unmöglich etwas falsch zu machen oder negative Rezensionen zu erhalten. Nur mal so als Tipp.

Zurück zum Schreiben von Romanen. Der gravierendste Unterschied zwischen Sexbüchern und Büchern, die Inhalt für Jugendliche oder zum Beispiel Krimis enthalten, ist, dass man weniger Probleme bekommt, wenn man mal etwas bei der Rechtschreibung oder der Grammatik versemmelt. Bei Sexbüchern (übrigens gibt es hier auch einen Unterschied zu erotischer Literatur) geht es den Lesern scheinbar einzig um die Bilder, die das Gelesene im Kopf produziert. Natürlich sollte ein Mindestmaß an Richtigkeit gegeben sein, dies setze ich aber auch bei Menschen, die Geschichten schreiben wollen, voraus.

Warum kann eigentlich jeder etwas veröffentlichen?

Man sollte sich einer Sache bewusst sein: alles, was mich interessiert, egal ob zum Thema Sex oder Horror, Krimi, Komödie etc., interessiert Millionen anderer Menschen auch.

So besonders ist man dann nämlich auch wieder nicht. Auch wenn natürlich jeder Mensch besonders ist ;-) .

Ernsthaft.

Dinge, die mich interessieren und die ich gut finde, finden ganz viele andere Menschen auch toll. Die Kunst bezüglich der Bücher besteht dann darin, diese Menschen zu erreichen. Auch die Sprache ist kein Problem. Deutsch sprechende Menschen gibt es auf der ganzen Welt. Wenn man die berühmte Internetsuchmaschine fragt, wie viele Menschen auf der Welt deutsch als Mutter- oder Zweitsprache sprechen, erhält man etwa 130 Millionen Menschen als Antwort (Stand

November 2022). Das bedeutet, dass jedes deutschsprachige Buch mindestens 130 Millionen potenzielle Leser hat. Weiterhin kann man seine Marge pro Buch bei einem Selbstverlag innerhalb bestimmter Grenzen selbst bestimmen. In den meisten Fällen entscheide ich mich bei Printbüchern für eine Marge zwischen einem und zwei Euro. Das bedeutet nun, wenn ich 0,001 % der deutschsprachigen Menschen, während meiner Lebenszeit, für eines meiner Bücher begeistern kann, sind das etwa 130.000 Menschen, die mir zwischen 130.000 und 260.000 Euro einbringen. Wenn Sie nun 10, 20, 30 Bücher schreiben ... genau!

Wenn das Buch einmal publiziert ist, ist es (bis dato) immer am Markt. So lange man lebt. Außerdem kann man den Zugang zu seinem Account an seine Kinder weiter geben. Man erhält jeden Monat oder quartärlich Geld, ohne nochmal etwas dafür tun zu müssen!

Ich habe nun, wie bereits der Titel angibt, hiermit

meine 150. Publikation auf den Markt gebracht und selbstverständlich erreicht fast keine meiner Veröffentlichungen die oben genannte Anzahl an Verkäufen. Jedoch macht es die Masse an Büchern. Nehmen wir alleine die 269 Rätselbücher. Wenn jedes dieser Bücher, bei einer Marge von einem Euro, zehnmal im Monat verkauft wird ... . Und wenn Sie dann ihr normales Einkommen dagegen sehen ... . Wohlgemerkt, wenn das Buch einmal auf dem Markt ist, kommt das Geld, ohne dass noch einmal etwas dafür getan werden muss.

*- Just do it! -*

Es gibt genug Menschen, die die selben Interessen haben, wie Sie.

Jeden Monat einfach mal so 2.000 Euro oben drauf bekommen? Ein Leben lang!? Ihre Leser / Käufer wissen nicht, ob Sie schon in Rente sind, oder nicht! Und wenn es so weit ist, können Sie ihren Account an Ihre Kinder weitergeben. Ich schreibe das zum zweiten Mal, weil das meiner Meinung nach zwei ganz wichtige Aspekte ist.

Man muss es nur machen. Die Publikation dieses Buches hat mich einmalig 19 Euro gekostet. Das ist es gewesen. Die Marge aus dem Buchshop beträgt 1,83€ und für das eBook 3,69€ (Stand jeweils November 2022).

Im nächsten Kapitel gebe ich einige Beispiele von und für Bücher, die ich geschrieben habe und die mir persönlich gut gefallen und die auch aufzeigen, welche kreativen, guten oder auch eher „exklusiven" Möglichkeiten man hat. Was es alles gibt, wenn es einem nur einfällt und man es dann einfach tut. Und das kann man nicht oft genug sagen: Machen! Einfach machen! Es gibt immer Leute, denen es gefällt, die bereit sind, einen angemessen Preis zu bezahlen. Sie müssen sie nur finden / ansprechen. Wenn Sie es aber nicht anfangen, wird nichts passieren. So einfach ist das.

*- Die bis dato zweitbeste Idee meines Lebens ist es gewesen, dass ich mich hingesetzt und meinen Benito*

*geschrieben habe. Natürlich bezieht sich dies auf Ideen meine wirtschaftliche Situation zu verbessern. Heutzutage (2022) sammle ich Rolexuhren und trage ausschließlich Versage oder Armaniklamotten, die Made in Italy sind, weil ich keine östlich von Deutschland produzierte Kleidung tragen möchte. Ich verlasse mich hier natürlich auf das Etikett der Kleider, ich habe weder die Zeit noch die Lust, genaue Produktionswege u. s. w. zu kontrollieren etc. . -*

Weitere Kniffe und Erfahrungen:

Nun möchte ich noch einige Ratschläge und „Weisheiten" zum Besten geben.

Ich habe bereits erwähnt, dass ich mich selbst als Autor definiere und nicht als Schriftsteller. Der Hauptunterschied liegt darin, dass ich sage, dass der Autor etwas schreibt – und zwar ohne einen weiteren Anspruch an sein Werk zu haben. Menschen sollen es lesen und gut ist. „Leichte" Lektüre, Unterhaltung oder ähnliches. Ein Schriftsteller hat meiner Ansicht nach noch einen etwas höheren Anspruch an seine Werke.

Ich sage allerdings: Lieber lebe ich heute „wie Dieter Bohlen", als dass ich 200 Jahre nach meinem Tod, als ein zweiter Kafka verehrt werde.

Es heißt immer, dass man Zeit mit Geld nicht kaufen kann. Im Wesentlichen ist das richtig. Allerdings kann man mit mehr Geld, die Zeit, die man hat, besser oder freier gestalten. Ob das nun objektiv besser ist, weiß ich nicht. Das muss jeder für sich selbst entscheiden. Es gibt ja auch genügend Menschen, die mit Geld einfach nicht umgehen können.

Fakt ist jedoch, dass ich mit mehr Geld mehr Freiheiten habe. Ich kann zum Beispiel mal drei Monate unbezahlten Urlaub nehmen. Ich kann mal eine Weltreise machen oder mir auch einfach mal eine Auszeit nehmen. Besonders attraktiv ist in diesem Zusammenhang einfach, dass ich für das Geld, welches mir dies ermöglicht, nichts mehr tun muss. Es wird mir einfach regelmäßig überwiesen.

Bei Textbüchern habe ich es bisher so erlebt, dass es beim Verdienst eine Art Wellenbewegung gibt:

1. Das Buch erscheint: „Viele" Käufer

2. Jeder, der sich für das Buch interessiert hat, hat es gekauft: „Weniger Geld"

3. Die nächste „Generation" von Lesern entdeckt das Buch (2-3 Jahre nach dem Erscheinen): „Mehr" Käufer.

Und so kommt es, dass sich im Laufe der Zeit, bei mehreren Publikationen, ein Einkommen entwickelt, mit dem man „rechnen" kann.
Rätselbücher verkaufen sich derweil eigentlich immer gleich. Gerade die für Kinder.

Weiterhin sollte man sich überlegen, welche Art von Autor man sein möchte. Ich zelebriere mein Sein nun zum ersten Mal hier über dieses Buch. Ich besitze weder auf Facebook oder sonst irgendwo eine Autorenseite oder mache Werbung für meine Titel. Die werden einfach gekauft und sie empfehlen sich weiter, indem ich auf den letzten Seiten meiner Bücher, für andere Bücher „werbe". Gerne auch genreübergreifend.

Auch verwende ich grundsätzlich immer andere Autorenpseudonyme. Warum?

Ganz einfach: warum kaufen Menschen Bücher von Autoren, die sie nicht kennen:

**Weil ihnen das Thema des Buches gefällt.**

Welche Möglichkeiten gibt es, nachdem jemand ein Buch gelesen hat:

**Es hat ihm gefallen** oder **es hat ihm nicht gefallen**.

Wenn dem Leser das Buch nicht gefallen hat, wird er kein weiteres Buch dieses Autoren kaufen.

Wenn dem Leser das Buch gefallen hat, es aber keine weiteren Bücher dieses Autoren gibt, interessiert er sich aber trotzdem weiterhin für das Thema und wird nach anderen Autoren stöbern, um weitere Bücher lesen zu können.

Wenn Sie nun also fünf Bücher zu einem Thema, unter fünf verschiedenen Pseudonymen publizieren, erreichen Sie weiterhin **beide** Käufergruppen. Vielleicht wird der unzufriedene Leser fünfmal enttäuscht sein und Ihnen fünfmal eine negative Rezension schreiben, aber er hat Ihnen fünf Bücher abgekauft, die Sie sonst nicht verkauft hätten. Und das ist dem Autoren wichtig – meiner Definition des Begriffes nach.

*Wie gesagt: Autor ↔ Schriftsteller*

An der Stelle möchte ich darauf hinweisen, dass es nicht darauf ankommt, möglichst viele unzufriedene Leser „an der Nase herumzuführen". Man schreibt keine 150 Bücher, wenn 100 davon nur mit 1-Stern-Rezensionen bedacht sind. Auch Sie nicht. Dann verliert man die Lust und hört damit auf.

Ich beschreibe das nur, weil es mir einmal aufgefallen ist, dass fünf meiner Sexbücher, zum selben Thema, von der selben Person, bei Amazon mit jeweils einem Stern versehen worden sind, weil der Person mein Schreibstil nicht gefallen hat. In diesem Moment fiel mir dann auf, dass dies nur möglich gewesen ist, weil ich jedes dieser fünf Bücher unter einem anderen Pseudonym publiziert habe.

In diesem Kapitel möchte ich auf einige Bücher eingehen, die ich publiziert habe und einen besonderen Platz in meiner Bibliografie haben.

Zu aller erst möchte ich über meine Fantasy-Buchreihe „Emma Wilks" reden.

Sie soll einmal aus sechs Bänden bestehen. Die beiden ersten Bände sind jeweils in 2. Auflage erschienen.

Das Tolle an dieser Art von Geschichten ist, dass man seiner Fantasie freien Lauf lassen und sich dabei frei entfalten kann. Man erschafft sich seine eigene Welt. Das ist gleichzeitig auch das größte Problem. Denn man hat plötzlich eine ganze Welt mit all ihren Bewohner im Kopf und muss sie zusammen bekommen.

Den ersten Band „Emma Wilks und der Saphir der Weisheit" habe ich in gerade mal vier Wochen heruntergeschrieben, womit ich das bestätigen kann, was man oft öffentlich hört. Die besten

Dinge passieren ganz schnell.

Dann aber muss es weiter gehen. Bevor ich den ersten Roman zu Papier gebracht habe, habe ich natürlich den Handlungsstrang aller sechs Bücher formuliert und halbwegs kurze Inhaltsangaben verfasst. Ich habe die Haupt- und wesentlichen Nebenfiguren definiert und ihnen eine Geschichte gegeben.

Daraus hat es sich dann ergeben, dass mein Kopf plötzlich voll gewesen ist. Das was da in meinem Hirn vorgegangen ist, ist in etwa das, was bei einem Computer passiert, wenn er mit über 100% ausgelastet ist. Stillstand.

Nachdem ich den ersten Teil publiziert habe und tatsächlich 3, 4 und 5 Sterne Rezensionen bei Amazon erhalten habe, habe ich gewusst, dass ich hier im Rahmen meiner Möglichkeiten etwas (sehr) Gutes geschaffen habe.

Und dann geht es an den zweiten Band.

Wie gesagt: Stillstand. Ich kenne das weitere Geschehen, ich weiß, was ich zu schreiben habe, aber über ein Jahr lang, ist es mir nicht möglich gewesen an der Reihe weiterzuarbeiten.

Dann hat es plötzlich „Klick" im Kopf gemacht und es hat wieder funktioniert. Diesmal habe ich drei Monate geschrieben, bis „Emma Wilks und der Lichtdiamant" publiziert werden konnte.

Leider ist dies im Oktober 2016 gewesen. Seitdem ist nichts mehr passiert. Stand heute (November 2022) sind von Band 3 „Emma Wilks und der Granat der Erde" gerade mal 22 Seiten geschrieben. Seit 8. April 2020 habe ich die Datei dieses Skriptes nicht mehr geöffnet. Dennoch vergeht keine Woche, in der ich nicht versuche weiterzukommen. Teilweise habe ich seit Januar 2020 mit verschiedenen länger andauernden Krankheiten zu tun gehabt (Burnout, Corona, Probleme mit der Wirbelsäule), aber andererseits habe ich seitdem immer wieder Bücher publiziert – leichtere Kost. Keine Ahnung woran es liegt.

Jedenfalls sind dann einige Rezensionen gekommen, die völlig zurecht Aussagen enthalten wie: Warum soll ich das kaufen, wenn es nicht weitergeht?

Logischerweise ist die Nachfrage nach der Reihe daraufhin gesunken.

Ich weiß nicht, wann es weitergeht, aber es wird weitergehen, so lange ich vom Kopf her und gesundheitlich in der Lage bin zu schreiben.

Warum ist dies nun eines meiner besonderen Bücher?

Ich kümmere mich zu 100% allein um meine Publikationen, also auch um das Korrekturlesen, die Covergestaltung und den Inhalt.

Es handelt sich bei diesen Büchern um Jugendromane, die den allgemein höchsten Ansprüchen an Gestaltung, Rechtschreibung, Grammatik und dem Mainstream entsprechen müssen. Keiner der genannten Punkte ist bisher Inhalt einer negativen Rezension (also einer 1 oder 2 Sterne Rezension) gewesen.

Drauf bin ich sehr, sehr stolz, weil es mir zeigt,

dass ich es kann! Ich kann es!

Aber es ist schwer, sehr schwer. Eine Welt im Kopf zu haben ist schwer.

Weiterhin kommt hinzu, dass man seine eigenen Fehler nicht immer bemerkt, weil man zum Beispiel weiß, was da steht (stehen soll). Das Gehirn korrigiert zum Beispiel fehlende Worte, Tippfehler oder Rechtschreibfehler bei geübten Lesenden mehr oder weniger automatisch. So habe ich einmal ein Buch publiziert, welches ich 38 mal! Korrektur gelesen habe, und erst als ich mir auf Amazon die Leseprobe angesehen habe, fiel mir auf, dass auf der ersten! Seite zweimal das Wort „ich" hintereinander geschrieben steht.

Das ist etwas, was bei einem Buch wie Emma Wilks" nicht passieren darf. Bei einem Sexbuch ist es hingegen für mich nicht mal ein Grund, eine neue Auflage zu publizieren, bevor ich die 19 Euro für die Veröffentlichung wieder verdient habe. Andere Zielgruppe, andere Ansprüche an den Inhalt.

Ich weiß nun nicht, ob ein regulärer Verlag Emma Wilks publiziert hätte, aber das kann mir auch egal sein. Im Selbstverlag läuft es und im Nachhinein habe ich den riesigen Vorteil, dass ich die Bände publizieren kann, wann und wie ich will. Hätte ich einen Buchvertrag gehabt, hätte es mit Sicherheit Probleme gegeben, wenn ich nicht mehr in Lage gewesen wäre, zu liefern. So schreibe ich irgendwann den dritten Band zu Ende und publiziere einfach eine neue Auflage der vorherigen beiden Bücher. Wie bereits beschrieben kommen ja immer neue „Lesergenerationen" nach, so dass ich jetzt vielleicht zwei, drei Generationen verloren habe, aber auch 2023, 2024 werden sich Leser für Fantasy-Romane dieser Art interessieren. Es ist also nichts verloren. Selbstverlag sei Dank.

Emma Wilks und der Saphir der Weisheit 17,99€
Autor: J. C. Jones
280 Seiten, Hardcover, ISBN 978-3-7481-8247-4,

Bod.de Buchshop oder überall auf der Welt erhältlich. Auch als Softcover (9,99€) oder eBook 1,99€.

Emma Wilks und der Lichtdiamant 15,99€
Autor: J. C. Jones
232 Seiten, Hardcover, ISBN 978-9-7504-8230-2,
Bod.de Buchshop oder überall auf der Welt erhältlich. Auch als eBook 1,99€.

Fazit: Unterschätzen Sie niemals, wie gewaltig ein Buch / eine Buchreihe sein / werden kann. Aber es fühlt sich toll an, wenn man es niederschreibt.

Jetzt möchte ich über meinen Benito berichten. Wie ich bereits geschrieben habe, ist diese Buchreihe die Initialzündung für meine Autorentätigkeit gewesen.

Es gibt drei Bände und eine ganz erstaunliche Besonderheit zu beobachten.

Man hat bei verschiedenen Verlagen verschiedene Möglichkeiten, sein Buch zu bewerben.

Benito ist sowohl in Einzelbänden erschienen, als auch als Sammelband.

Alle vier Bücher gibt es als eBook und Taschenbuch.

Neben der Möglichkeit, dass ich auf meine Bücher auf den letzten Seiten anderer Bücher hinweise, nutze ich die Option, dass ich eBooks bis zu fünf Tage im Quartal bei Amazon kostenlos zur Verfügung stellen kann. Hier bietet es ich an, den ersten Teil der Reihe kostenlos anzubieten, damit die Leser sich die beiden anderen Bände kaufen. Dies ist jedoch krachend schief gegangen. Vier 1-Sterne-Rezesionen sind das Ergebnis gewesen, während der Sammelband zeitgleich mit 5 Sternen bewertet worden ist.

Für mich gibt es hierfür nur eine, wenn auch sehr seltsame, Erklärung: Es sind tatsächlich verschiedene Erwartungen, die Leser an das einzelne Buch haben, im Unterschied zum Sammelband.

Inhaltlich geht es bei Benito darum, dass die Hauptfigur durch einen kleineren, amerikanischen Ort marschiert und Menschen tötet. Ebenso, wie man es aus den entsprechenden Filmen kennt: Scream, Halloween, Freitag der 13.! Der Stil ist der selbe. Wenig Inhalt im Bezug auf das Motiv und wenig ausgefeilte Charaktere etc.

Nun lese ich bei dem Einzelbuch in Rezensionen Dinge wie: „Also ich habe kein Skalpell in meinem Nachtisch liegen, womit ich Menschen töten kann."

Wieso ist so etwas ein Grund dafür, ein solches Buch mit einem Stern zu rezensieren? Ebenso sind die anderen 1-Sterne-Rezensionen ein Hinweis darauf, dass die Leser die oben genannten Filme nicht kennen, sich dafür gar nicht interessieren oder einfach eine andere Erwartung mit einem solchen Buch verbinden. Jedoch passiert das bei dem Sammelband nicht. Der ist mit 5 Sternen rezensiert worden. Hier ist das Konzept des Buches, trotz 100% identischen Inhaltes, positiv aufgenommen worden.

Warum erwähne ich das? Weil es ganz extrem aufzeigt, wie wichtig es ist, die richtige Zielgruppe anzusprechen und wie fatal es sein kann, wenn ein Buch (es ist ja letztlich eines von Millionen von Büchern) schlecht bewertet wird. Es gibt zum Beispiel die Option, sich nur Bücher anzeigen zu lassen, die mit mindestens 3 Sternen bewertet sind etc. Somit kann auch das tollste Buch der Welt, das Sie geschrieben haben, keine Chance mehr auf Verkäufe haben, weil die ersten Bewertungen nicht positiv sind. Dafür ist die Anzahl der Bücher auf dem Markt viel, viel zu groß. Und trotzdem, zeigt das Beispiel, dass das Buch an sich nicht schlecht ist, es hat ja in der anderen Form 5-Sterne-Rezensionen erhalten, aber man ist an diesem Punkt „dem Schicksal ausgesetzt", ob die ersten Leser nun positiv oder negativ beeindruckt sind.

Und auch hier habe ich die Erfahrung gemacht, dass Rezensionen umso wichtiger sind, je mainstreamiger eine Publikation ist. Kein Mensch kauft „Benito (Band 1)", aber „Benito – Trilogie" wird gekauft. Und es ist nicht der Preis, der hier den Ausschlag gibt. Es sind die vier 1-Sterne-Rezensionen, die einfach verhindern, dass genügend potenzielle Leser das Buch im Internet finden.

Dennoch ist es für mich ein besonderes Buch, weil es für mich damit begonnen hat. Die Frage ist, was wäre gewesen, wenn ich nicht direkt drei Bände geschrieben hätte, die ich dann als Trilogie hätte publizieren können. Hätte ich nachdem

„Misserfolg" des ersten Bandes aufgehört?

Benito – Horror-Splatter-Trilogie  11,39€

Autor: Jack Miller

365 Seiten, Softcover, ISBN 978-1511683524

Exklusiv bei Amazon, eBook 2,99€ und Kindle unlimited 0,00€

Nun möchte ich noch vier weitere Bücher etwas kürzer bereden, die mir viel Freude bereiten und ein fünftes Buch, welches leider grandios gescheitert ist - natürlich zu unrecht, wie ich finde.

Günter hat Geburtstag
Autor: Hendrik Jakobsen
5 Seiten, Kurzgeschichte, exklusiv bei Amazon, eBook 0,99€ oder Kindle unlimited 0,00€

Hierbei handelt es sich um die erste Geschichte, die ich überhaupt geschrieben habe. Sie handelt einfach von Günter, der einen ganz fürchterlichen Geburtstag erlebt.
Wie man an der geringen Seitenzahl sieht, bietet eine Veröffentlichung als eBook, über einen Selbstverlag, auch die Möglichkeit, ganz kurze Texte zu publizieren. Besonders positiv ist hier die noch relativ neue Option zu sehen, dass Leser

heutzutage die Möglichkeit bekommen, pauschale Preise zu bezahlen und dann Zugang zu Inhalten zu bekommen. Nur sehr, sehr wenige Menschen würden 0,99€ für 5 Seiten bezahlen. Aber so funktioniert auch das.

Etliche meiner Sexpublikationen haben zwischen 10 und 30 Seiten und erreichen so ihre Leser.

Das gute Tage Buch   9,99€
Autor: Sandra Fee-König
116 Seiten, Ringbuch, ISBN 978-3-7543-4425-5,
Bod.de Buchshop oder überall auf der Welt erhältlich.
Hardcover 14,99€ ISBN 978-3-7543-4407-1
Bod.de Buchshop oder überall auf der Welt erhältlich.

Bei dieser Publikation handelt es sich um ein Tagebuch, welches dem Besitzer die Vorgabe erteilt, einzig positive Erlebnisse, Fotos und Erinnerungen einzutragen, um diese an schlechteren Tagen ansehen zu können.

Das Buch ist in zwei Varianten zu unterschiedlichen Preisen erhältlich. Ich persönlich finde eine Ringbuchvariante für Bücher, in die man Dinge reinschreiben soll besser, weil man die Seiten komplett umklappen kann. Die Hardcoverversion des Buches bietet natürlich wegen dem Hardcover auch eine gewisse Stabilität beim Schreiben, jedoch sind die Kosten eines solchen Buches auch entsprechend höher und das Ringbuch ist mein Favorit.

Hier kann man übrigens sehen, dass sich der Preis eines Buches aus einem Selbstverlag auch an den verwendeten Materialien und Umschlägen orientiert. Der Inhalt spielt bei der Preisgestaltung durch den jeweiligen Verlag keine Rolle!

Das hat natürlich den Vorteil, dass man seine Bücher ggf. sehr, sehr viel günstiger anbieten kann, als ähnliche Bücher auf dem Markt kosten. Andererseits sieht man an diesem Beispiel, dass es auch teurer werden kann, wenn man ein

Hardcover möchte, weil es einfach marktüblich ist, gewisse Bücher als Hardcover zu veröffentlichen. Für beide Bücher erhalte ich in etwa die selbe Marge!

Gerade solche Bücher eignen sich hervorragend, um sie befreundeten Menschen (in diesem speziellen Fall besonders Frauen) zu schenken. Da man ja das Cover und das Skript in seiner Hand bzw. auf dem Computer hält, ist es ein Leichtes, eine personalisierte Variante der Bücher zu erstellen. Sprich: Einzelexemplare. Das gute Tage Buch mit dem grünen Cover kann ganz einfach zu „Annas gutem Tage Buch" mit einem hellroten oder blauen Cover werden. Anstelle des Impressums nutzt man diese Seite für eine persönliche Widmung und schon hat man ein großartiges Geschenk, welches die meisten Beschenkten sehr zu würdigen wissen. „Ein ganz richtig auf der Welt erhältliches Buch, wird für eine einzelne Person umgestaltet". Wooow!

Aufwand: 5 Minuten Kosten: Keine (außer die Herstellung des einzelnen Buches, die aber nicht nennenswert ist)

Schwere Wortsuchrätsel  4,49€

Autor: No Body

64 Seiten, Paperback, ISBN 978-3-7412-4206-9

Bod.de Buchshop oder überall auf der Welt erhältlich.

Wie Sie hierbei erkennen können, haben Bücher, die durch einen Selbstverlag publiziert werden, immer eine ISBN, auch wenn es sich um „Rätselhefte" handelt. Auch in diesem Fall publizieren Sie ein Buch. Wie gesagt, der Inhalt ist egal.

Hier habe ich nun ein Wortsuchrätselbuch veröffentlicht, das von normalen Büchern dieser Art abweicht, weil die zu findenden Wörter codiert in den Gittern stehen.

Ein Spaß für alle, die es gerne etwas anspruchsvoller mögen. Das Schreiben hat mir sehr viel Freude bereitet und bisher hat das Buch auch noch keine negativen Bewertungen erhalten. Der Preis ergibt sich wie immer aus der Seitenzahl und der Art des Umschlages.

234 intime Fragen für Partner  5,99€

Autor: Kathrin Roos

48 Seiten, Paperback, ISBN 978-3-7557-8308-4

eBook 4,49€

Bod.de Buchshop oder überall auf der Welt erhältlich.

Wie der Titel dieses Buches bereits verrät, geht es hier um ein Partnerbuch, Selbsthilfebuch oder wie immer man es benennen möchte. Die Besonderheit bei dieser Publikation liegt nun in der Art der Veröffentlichung.

Marktüblich haben diese Bücher ein Hardcover (was natürlich immer etwas wertiger ist) und beinhalten viel mehr Seiten, weil sie zum Ausfüllen gedacht sind.

Hier habe ich mich nun für einen anderen Weg entschieden, um den Vorteil zu nutzen, dass ich mein Buch sehr viel günstiger auf den Markt bringen kann.

Mein Buch enthält 234 Fragen, das sind mehr

Fragen als marktüblich. Weiterhin enthält es nur Fragen und keinen Platz, um diese zu beantworten. Der Vorteil liegt laut Beschreibung darin, dass man sich die Fragen gegenseitig vorliest und so leichter in ein Gespräch kommt. Dies ist denke ich auch wirklich so. Außerdem kann man das Buch somit öfter verwenden und muss vielleicht nicht für jeden Partner ein neues Buch kaufen.

Die Vorteile für mich als Autor liegen aber woanders: Ich habe viel weniger Seiten, was mir ermöglicht das Buch günstiger auf den Markt zu bringen und zweitens kann ich das Buch auch als eBook publizieren, weil es nichts auszufüllen gibt.

Die Frage ist dann nur noch, ob der Markt dieses alternative Produkt akzeptiert.

Hierzu kann ich sagen, dass es sich für mich lohnt. Es ist im Januar 2022 erschienen und ist bisher zwar nie in den Top 10 der meistverkauften Bücher dieser Art gewesen, hat seine Kosten aber schon mehrfach eingespielt und ist nirgends negativ bewertet worden. Somit ist es für mich ein Erfolg.

Dieses Buch ist ein besonderes Werk für mich, weil es aufzeigt, dass es möglich ist Bücher zu publizieren, die von der marktüblichen Art her abweichen. Auch hier gilt: Einfach mal machen! Auch hier gilt, dass es mich einmalig 19 Euro gekostet hat. Was ist schon verloren, wenn es nicht funktionieren sollte? Aber auch hier nochmal der Hinweis: Jedes publizierte Buch gibt es so lange, wie es den Selbstverlag gibt, oder bis ich den Vertrag kündige und ich es somit vom Markt nehme. Aber warum sollte ich das jemals machen? Es läuft mit und es gibt immer Menschen, die sich für das selbe interessieren, wie ich und die ebenso denken. Da sind wir dann wieder bei dem Thema: Man muss diese Menschen nur irgendwie erreichen.

Das ist das A und O einer jeden Publikation. Zu diesem Buch kann ich nur sagen: Es läuft von alleine. Es bedurfte keiner Verknüpfung in anderen Büchern oder irgend einer Werbung. Die Menschen finden es und kaufen es. Es ist eben kein Roman. Das selbe gilt für das (relativ) teure Rätselbuch. Es wird einfach gekauft, es wird gefunden, weil es eben vom Inhalt her speziell ist.

Das ist immer ein Vorteil, wenn man über einen Selbstverlag publiziert. Man kann einfach speziellere Dinge machen.

Mein letztes besonderes Buch ist nun ein Werk, dass ich ebenfalls 2002 geschrieben und 2003 das erste Mal publiziert habe:

Die Galäer – Das Schwert des Hewero (Band 1)
Autor: Theodor Aalberger
108 Seiten, Paperback, ISBN 978-3-7347-3273-7
Bod.de Buchshop oder überall auf der Welt erhältlich.
Taschenbuch: 4,49€ eBook 2,99€

# Theodor Aalberger

## Die Galäer
### Das Schwert des Hewero
### Band 1

Früh am nächsten morgen trafen sich
die Lyna der Assys und der Luso mit
dem seher den sie sich vereinnahmt
hatten um sich kenntnis über den
stand der dinge zu verschaffen. Man
erhielt weisheit darüber dass fast alle
stellungen der Sae die sich innerhalb
eines kreises von drei tagesmärschen
um die mannen des königs herum
verteilten bereits von den
schattenkriegern eingenommen wurden
so dass der gehasste Hyno dazu
gezwungen war sich einzig in den
wäldern dieses landstriches
aufzuhalten.

*Fantasy Roman*

Wie auf dem Coverfoto zu sehen ist, ist das ganze Buch in der abgebildeten Schrift geschrieben. Ebenso werden alle Wörter, bis auf Eigennamen und das erste Wort jedes Satzes, klein geschrieben. Es gibt keine Kommas :-)

In der Publikation für 11,90€ aus dem Jahr 2009, die man bei Amazon immer noch finden kann, wenn man „Die Galäer" in die Suchleiste eingibt, ist zu sehen, dass das Werk eine 4-Sterne-Bewertung erhalten hat. Auch ist es so, dass Menschen, die das Buch bei mir zu Hause sehen, durchaus interessiert und auch bereit sind, es zu lesen. Trotzdem sind seit 2003 nur sieben Exemplare produziert worden, von denen ich zwei besitze. Zwei weitere Bücher sind von Bekannten von mir gekauft worden. Die Rückmeldung ist, dass es zuerst schwer zu lesen ist, wenn man sich aber darauf einlässt, macht es Spaß, weil es als besonderes und legitimes Stilmittel für einen Fantasy-Roman, der in einer fiktiven, aber eher mittelalterlichen Zeit angesiedelt ist, durchaus angemessen ist, eine „andere" Sprache zu verwenden. Die beiden weiteren Bände habe ich bisher logischerweise nicht publiziert.

Hieran kann man nun erkennen, dass ein Experiment auch mal schief gehen kann. Jedoch ist das Buch immer noch auf dem Markt und auf der ganzen Welt erhältlich. Da ich aber ein Autor und kein Schriftsteller bin, habe ich mich dazu entschieden lieber andere Texte zu veröffentlichen. Sollte die Nachfrage nach diesem Buch steigen, werde ich natürlich auch die Fortsetzungen und einen Sammelband publizieren. Hätte ich, wie bei Benito, zur Publikation des ersten Bandes, die beiden anderen Bücher auch schon druckreif gehabt, hätte ich mich hier ähnlich verhalten, wie im genannten Fall. So ist mir die Zeit zu schade und ich nutze sie besser damit, zum Beispiel weitere Sexgeschichten zu schreiben, da ich hier ganz einfach ein Leben lang weiterhin Geld generieren kann.

Schade um die Galäer, aber vielleicht ergibt es sich ja doch noch einmal.

Zumindest dem „Autoren" habe ich 2018 ein weiteres Werk zuteil werden lassen:

Die Chronik der Latos-Vampire – Der Fluch des Schwarzen Moores

Autor: Theodor Aalberger

148 Seiten, Paperback, ISBN 978-3-7347-7329-7

Bod.de Buchshop oder überall auf der Welt erhältlich.

Taschenbuch: 5,90€ eBook 2,49€

Gesamtfazit:

Wir leben heutzutage in einem der besten Zeitalter der Menschheit. Wir haben fast alle Möglichkeiten, die man sich vorstellen kann.

Im Bereich der Publikation von Büchern ist es derzeit fast nicht möglich, etwas nicht in den Markt zu bringen.

Eine weitere Option Geld zu verdienen und dies im Zusammenhang mit Büchern zu tun, erörtere ich im nächsten Kapitel noch einmal.

Im Grunde genommen gibt es im Bereich der Bücher nur einige, wenige Dinge, die man für sich beherzigen und wirklich leisten muss, um etwas in den publizieren zu können:

1. Man muss es schreiben / erstellen.

2. Man sollte die deutsche Sprache halbwegs beherrschen. Dies ist umso wichtiger, je mainstreamiger der Inhalt des Buches ist.

3. Selbst Kurzgeschichten mit 3 oder 4 Taschenbuchseiten können als eBook publiziert werden.

4. Die Veröffentlichung als eBook ist zumeist komplett kostenlos.

5. Überlegen Sie sich, ob Sie ein Autor oder

Schriftsteller sein wollen / sein können.

6. Siehe 1.!

In diesem Kapitel möchte ich kurz über meine zweite Leidenschaft sprechen: Fußballwetten.

*- Süchtig ist man nur, wenn man mehr verliert, als man gewinnt. Gewinnt man mehr, als man verliert, ist man Profi! -"*

Viele intelligente und mathematisch wahnsinnig begabte Menschen bilden sich sehr viel darauf ein, dass sie Quoten für irgend welche Ereignisse im Voraus berechnen (können).

Wenn man diese Leute dann fragt, warum sie nicht immer gewinnen, wenn sie das ja alles so toll berechnen können, erhält man zumeist folgende Antwort:

„Ei das sind ja alles nur Wahrscheinlichkeiten."

Genau. Noch besser sind nur noch die Sportwettenspieler, die immer auf „ihr Team" setzen, weil man das halt so macht. Gratulation!

Ich frage dann immer: Warum gibt es die Sportwettenanbieter denn überhaupt noch? Wenn so viele Leute, so viel Ahnung haben und es berechnen können, warum sind die dann nicht schon lange pleite? Und warum gehst du dann für 3000€ im Monat 80 Stunden die Woche arbeiten?

An der Stelle hat man dann zwar meistens einen „Freund" weniger – aber die eigene Lebensqualität ist gleichzeitig gestiegen.

Ich sage:


Man kann Menschen nicht berechnen!


Wenn man sich mal überlegt, wie viele Menschen an einem Fußballspiel beteiligt sind, was diesen Menschen vor und während so einem Spiel alles passieren kann – das kann man im Vorhinein nicht alles voraussagen und somit in einer einzigen Zahl definieren / darstellen.

Beispiele:

- ein wichtiger Spieler tritt vor dem Begegnung

schief und kann nicht eingesetzt werden, weil er verletzt ist

- der Partner trennt sich
- der Hund stirbt
- die Oma wird 30 Minuten vor dem Spiel wegen Corona ins Krankenhaus eingeliefert und muss beatmet werden
- zwei Spieler haben Streit und spielen nicht so miteinander, wie es sich gehört
- einer der Schiedsrichter vollzieht eine offensichtliche Fehlentscheidung bezüglich eines Tores

Natürlich kann man sagen, dass all diese und noch viel, viel mehr Dinge in der Wahrscheinlichkeit, dass ein Ereignis eintritt, mit einbezogen sind.

Aber mal ehrlich, wir reden hier ja von den Spielern (den Sportwettern) und nicht vom Wettanbieter.

Wer von den Spielern kann dies wirklich mit

einberechnen? Wer kennt diese „persönlichen Werte" und wie sie einzubringen sind? Ich behaupte, das weiß niemand.

Was man hingegen weiß und das ist nun meine Herangehensweise, was in der Vergangenheit passiert ist. Genau. Was ist bisher passiert!?
Das ist wesentlich.
Warum?
Ganz einfach: Die Summe aller Ereignisse nennt man die Gegenwart. Alles, was bisher passiert ist, hat zu dem geführt, was wir hier und heute haben.
Im Prinzip eine ganz simple Überlegung. Aber dennoch für die meisten Menschen sehr schwer zu verstehen.
Man muss hier meiner Meinung nach zwei Dinge unterscheiden:

Statistik ↔ Prognose

So benenne ich die beiden wesentlichen Dinge zum Sportwetten.

Eine Statistik ist eine Liste, in der Ergebnisse aus der Vergangenheit eingetragen worden und ausgerechnet sind.

Beispiel: (die hier verwendeten Zahlen sind frei erfunden und dienen der Verdeutlichung dessen, was ich aufzeigen möchte)

In der 1. Fußball Bundesliga der Herren endeten 72,00% der Fußballspiele seit 1980 damit, dass beide Mannschaften mindestens 1 Tor geschossen haben. DAS weiß ich, wenn ich es richtig aufgeschrieben habe.

In Worten bedeutet das, dass von 100 Fußballspielen 72 damit endeten, dass beide Mannschaften mindestens 1 Tor geschossen haben. Weiterhin weiß ich, dass in 72 von 100 Fußballspielen mindestens 2 Tore gefallen sind.

Jede Wahrscheinlichkeit lässt sich in einer Quote ausdrücken. Sagen wir der Einfachheit halber diese Quote wäre in unserem Fall 2,00.

Dann bedeutet diese Quote, wenn ich in der

Vergangenheit immer getippt hätte, dass in jedem Fußballspiel mindestens 2 Tore fallen, dann hätte ich am Ende genau so viel Geld gewonnen, wie ich verloren hätte (das ist so).

Das bedeutet: Jede Quote, die über 2,00 liegt (z. B. 2,30) hätte mir in der Vergangenheit mehr Geld gebracht, als ich verloren hätte, also einen Gewinn. Jede Quote, die unter 2,00 liegt ( z. B. 1,70) hätte mir in der Vergangenheit weniger Geld eingebracht, als ich gewonnen hätte, also einen Verlust.

Soweit das Wissen, welches ich mit einer Statistik erlangen kann.

Kommen wir nun zur Prognose:

Da ich nicht weiß, was passieren wird, kann ich keine Prognose erstellen („man kann Menschen nicht berechnen").

So.

Ich sage, dass eine Prognose bezüglich dem Verhalten von Menschen reine Spekulation ist. Ich kann in gar keinem Fall eine definitive, 100%ige

Voraussage treffen, wohingegen die oben beschriebene Statistik 100%ig ist (wir setzen hier voraus, dass sie korrekt ist). Sie ist 100%ig, weil die Ereignisse bereits passiert sind. Und alles was passiert ist, ist passiert und hat zu diesem Ergebnis der Statistik geführt. Also ALLE MÖGLICHKEITEN sind hier zusammengefasst.

Und nun komme ich. Der Typ, der nichts berechnet, sondern einfach abliest, was in der Statistik steht.

Bleiben wir bei dem Beispiel:

Ich weiß, was seit 1980 passiert ist. Warum sollte es künftig anders sein? Was mache ich also?
Ganz einfach! Ich schaue mir die Wettquoten des Anbieters an und wette einfach jede Quote über 2,00 bezüglich der Wette, dass mehr als 1,5 Tore in diesem Wettbewerb fallen und führe gleichzeitig die Statistik weiter.

Da muss ich nichts berechnen, keine Prognose treffen und am Ende funktioniert es.

Zumindest hat es auf diese Art und Weise für mich seit 2018 funktioniert.

Die Darstellung ist hier sehr, sehr vereinfacht, aber ich denke, dass man versteht, was ich meine.

Bediene dich einfach an der Vergangenheit und sieh, was passiert ist. Es gibt für mich keinen Grund, weshalb es in der Zukunft anders sein sollte.

Seit 2021 habe ich einen Blog, indem ich meine Tipps kostenlos zur Verfügung stelle, dies wird sich bis Mitte 2023 sehr wahrscheinlich ändern, dann wird aber auch dieses Buch inhaltlich verändert werden (bitte beachten Sie, dass dies logischerweise nicht für die 1. Auflage gelten wird, die wird inhaltlich gleich bleiben).

In diesem Blog gebe ich täglich an, was ich tippe und es wird kontrolliert, dass die Ergebnisse hinterher korrekt angegeben werden, sonst wird der Blog gesperrt.

Die Internetadresse zum Blog:
jeici79.blogabet.com

Natürlich habe ich auch zu diesem Thema ein Buch publiziert:

Fußballwetten – Gold edition
Autor: Melchior Balthasar
48 Seiten, Hardcover, ISBN 978-3-7543-3017-3
Bod.de Buchshop oder überall auf der Welt erhältlich.
299,00€ (Preis steigend) / Auflage 3, November 2022

In diesem Buch wird genauer erklärt, wie das alles funktioniert und anhand mit Screenshots von Gewinnscheinen wird soweit möglich belegt, dass es so funktioniert, wie ich es beschreibe. Auch das erstellen eigener Statistiken u. s. w. wird erläutert.

Wer sich nun aufregt und sagt: für 48 Seiten zahle ich keine 299€! Ja – der hat es halt „verstanden" und lässt es am besten bleiben. Es ist nicht wichtig, auf wie vielen Seiten etwas steht und es ist auch egal, was ein solches Buch kostet, wenn es funktioniert. Man gewinnt dann immer mehr, als man investiert. Darum steigt der Preis dieses Buches auch mit jedem großen Gewinn weiter. Derzeit spiele ich jeden Tag EINE Wette mit 100 Euro (November 2022). Im Januar 2021 habe ich mit 1 Euro am Tag begonnen.

Das soll es dann auch zu diesem Thema gewesen sein.

In diesem Kapitel nutze ich die Freiheit, die mir dieses Land und das Konzept des self-publishing bietet. Ich sage einfach mal meine Meinung, teile meine Wahrnehmung und meine ganz, ganz persönliche Bewertung der angesprochenen Themen mit. Einer der vielen Vorteile, die man besitzt, wenn man ein Buch über sich selbst schreibt.

Dieses Kapitel hat nichts mit dem eigentlichen Thema des Buches (Autor sein) zu tun.

Trotzdem möchte ich mich gerne zu ein paar Dingen äußern, die ich falsch finde, die ich anders lebe und die mir auf den Geist gehen.

Ebenso möchte ich niemanden beleidigen, bloßstellen oder sonst irgendwie angreifen.

Wenn jemand diesen Eindruck haben sollte, kann es ja vielleicht nicht Schaden, sich selbst einmal zu hinterfragen und zu überlegen, ob man sich nicht deshalb angegriffen fühlt, weil ein Fünkchen

Wahrheit in dem eben gelesenen steckt. Oder halt auch nicht.

Ich besitze weder die ultimative Weisheit, noch möchte ich sagen, dass meine Lebensweise die einzig richtige Lebensart ist.

Andererseits geht es mir heute relativ gut, wirtschaftlich bestimmt besser, als den meisten Menschen in diesem Land und wie ich bereits am Anfang geschrieben habe, habe ich mich mit Absicht von der allgemeinen Lebensweise in diesem Land und seiner Werte und Standards verabschiedet.

*- Wer das tut, was alle tun, dem wird es gehen, wie es allen geht! -*

Es beginnt für mich schon damit, dass wir unsere Politiker aus unserer Mitte heraus wählen. Und wen wählen wir? Den, der am besten Quatschen kann.

Richtig!

Das ist genau so gut, wie es klingt!

Stellen Sie sich einfach mal vor, dass man in ihrer Firma so den obersten Chef bestimmt.

Wie gut, wird das werden? Wenn der witzige „Kalle" aus der Buchhaltung plötzlich der Chef ist!? Das will doch keiner.

Wir leben in einem Land, in dem es für alles eine Regel, eine Verordnung, ein Gesetz gibt.

Jeder Mensch, der mir in einem Restaurant etwas essbares auf dem Teller bringt, soll eine 3-jährige Ausbildung erfolgreich absolviert haben. Aber der beste „Schwätzer" darf Chef in unserem Land werden und alle finden das gut?

Warum?

Ernsthaft! Warum?

Warum lernen Politiker nicht, was sie tun, so wie

jeder andere auch? Warum ist das ein „Beliebtheitswettbewerb?

Warum kann das jeder werden?

Kann / sollte jeder Chirurg werden können?

Für fast jeden Job bedarf es einer festzustellenden körperlichen und geistigen Qualifikation.

Ich selbst habe Eisenbahner im Betriebsdienst gelernt und musste unter anderem zu einem Arzt und dort auf einem Bein stehen, beide Augen schließen und mir an die Nase fassen. Und wenn ich unter anderem das nicht geschafft hätte, wäre ich kein Lokführer geworden.

Es gibt einen Grund, warum viele Vorstände von Unternehmen, ohne abgeschlossenes Studium, gar nicht erst in Positionen gekommen wären, um irgendwann mal diese Stelle begleiten zu dürfen.

Aber Politiker kann jeder werden.

Verantwortlicher Politiker in den höchsten Kreisen.

Jeder!

Auch Menschen, die gar keinen Schulabschluss

haben!

Und da sind wir stolz drauf!

Stolz!

Ich finde ja, dass man ruhig fundiert wissen darf, was man da macht.

Warum muss man seine politische Laufbahn, nachdem man ein noch zu erfindendes Studium mit Erfolg abgeschlossen hat, nicht in einem Dorf, einer kleinen Kommune oder wo auch immer beginnen und qualifiziert sich dann weiter. Und meinetwegen darf sich dann jeder, der die Qualifikation nachgewiesen hat, zur Wahl stellen und der Bürger entscheidet dann, ob es weiter nach oben geht, oder nicht.

Man könnte es zum Beispiel so machen, wie bei der Polizei. Untere, mittlere und obere Politikerlaufbahn. Wer was aufm Kasten hat, kommt hoch und wer nicht, halt nicht. Und nicht der beste „Schwätzer".

Das gibt es doch nur in diesem einen speziellen Fall. Und das ausgerechnet bei der Führung unseres Landes! Was gibt es denn für unsere Gesellschaft und unser gemeinsames Sein in diesem Land Wichtigeres?

Hallo!?

Globalisierung!?

Alles wird komplexer!?

Immer mehr Menschen verstehen die Welt nicht mehr! Aber in Deutschland können „Hugo Müller" und „Gretel Meier" die Geschicke des Landes leiten!?

Na prima!

Ich bleibe bei: es kann nicht schaden, wenn man weiß, was man tut, weil man es von der Picke auf gelernt hat.

Weiterhin verstehe ich diese starke Ausprägung vom Gruppendenken in der Politik nicht.

Jemand von der AfD sagt etwas, also muss das Mist sein und alle sind dagegen und alle finden das Dagegensein gut.

Warum?

Ein Mensch, der in der AfD ist, kann genauso

etwas Richtiges sagen, wie jemand aus der CDU etwas Falsches kommunizieren kann.

Warum denn auch nicht?

Es sind doch alles Menschen.

Sollten denn nicht alle Politiker das selbe Interesse haben? Am Ende des Tages, soll es diesem Land besser gehen. Der bestmögliche Zustand, die besten Lebensbedingungen sollen geschaffen werden.

Ich verstehe ja, dass verschiedene Menschen verschiedene Ansichten haben (können / sollen) und dass man dies miteinander beredet.

Dennoch hat man **ein** Ziel!

Also gibt es gar keinen Grund, wenn man professionell sein möchte, eine oder mehrere Gruppen von Leuten auszuschließen, so lange diese regelkonform gewählt worden sind.

Wenn ich das richtig verstehe, spiegelt jedes Wahlergebnis, den Willen der Bürger wider, welche Partei in welcher Stärke einen Einfluss auf das Geschehen in unserem Land haben sollte. Und entsprechend dieses Ergebnisses sind doch die Meinungen / Einflüsse zu bewerten und zu berücksichtigen. Es gibt keine Feinde, Bösen oder sonst irgend etwas. Wer legal gewählt ist, ist ernst zunehmen.

Allerdings ist es schon auffällig, dass sich dieser Tage alle (auch die AfD selbst) sehr darin gefallen, die AfD als „die Anderen" zu sehen.

Und das Volk macht munter mit. Entweder ist man gegen das Land und für die AfD, oder alles was die sagen ist doof und man ist gegen die AfD. Haben wir denn keine anderen Probleme? Kann es sein, dass das ein perverses Spiel ist, um von anderen Dingen abzulenken? Wieso wird die AfD immer so polarisierend ins Spiel gebracht? Die haben, was weiß ich ... 15% der Stimmen!? Warum sind denn plötzlich 15% wichtig? Wir leben in einer Demokratie. Die Mehrheit entscheidet. Basta!

Apropos die Mehrheit entscheidet. Wann ist es eigentlich passiert, dass wir es in Deutschland akzeptieren, dass die Minderheiten den Mehrheiten diktieren, was hier Recht und Billig ist? Und warum?

Ein Beispiel:

Für mich ist es ein Unterschied, ob ich mich im privaten Rahmen bewege oder im öffentlichen Raum. Im Privatleben kann jeder machen, was er will (innerhalb des gesetzlichen Rahmens). Aber für die Öffentlichkeit haben wir uns doch Regeln und so weiter auferlegt, an die sich doch alle halten sollen. Wenn ich mich dazu entscheide, dass ich als Joghurt leben will, dann ist das doch okay. Im öffentlichen Raum gilt aber, was in meinem Personalausweis steht. Da steht, soweit ich das weiß: männlich oder weiblich. Also ist es doch ganz klar, was ich in der Öffentlichkeit bin.

Es ist eine andere Frage, ob man das ändern muss. Da sage ich, wenn es nicht binär ist, dann ja. Gar keine Frage. Aber derzeit ist es so, wie es ist. Privat darf ich sein was, wer oder wie ich will. Das ist meine Sache. Aber öffentlich habe ich mich an die Regeln zu halten, die gelten. Und bleiben wir bei diesem abstrakten Beispiel. Die wenigsten Menschen definieren sich sehr wahrscheinlich als Joghurt. Warum also, sollte sich unsere mehrheitlich binäre Gesellschaft von so einer ganz kleinen Minderheit irgend etwas aufdiktieren lassen?

Die Freiheit in unserem Land besteht meinem Verständnis nach darin, dass mir niemand Steine an den Kopf wirft oder mir sonst irgend einen Schaden zufügt, weil ich mich als Joghurt definiere. Damit hat es sich dann aber auch. Sobald ich meinen privaten Lebensraum verlasse, gelten die allgemeinen Regeln, die wir uns mehrheitlich gegeben haben. Diese können und sollen mehrheitlich geändert werden. Aber eben von der Mehrheit und nicht von 5% der Menschen, denen nicht gefällt, was für 95% vollkommen in Ordnung ist.

In einem gewissen Maße bin ich sowieso der Ansicht, dass wir viel zu viel Demokratie in unserem Land haben, beziehungsweise zu viel herumreden.

Beispiel:

Stromtrassen. Wenn wir erneuerbare Energien durch unser Land treiben wollen und wir mehrheitlich dieser Meinung sind, warum wird dann „jeder" gefragt und „jeder" kann das verhindern, wird gehört, oder sonst etwas? Das ist doch nicht zielführend. Wie soll denn jemals etwas zustande kommen, wenn wir auf die persönlichen Befindlichkeiten eines jeden Rücksicht nehmen? Das kann doch nicht funktionieren. Wenn etwas richtig und wichtig ist, dann wird das gemacht. Fertig. Wieso glaubt jede(r ), dass das was er will berücksichtigt werden muss? Fragt der Chef in der Firma bei der Reinemachekraft nach, ob ihr die neue Fließenfarbe im Klo gefällt, die sie ab nächste Woche zu reinigen hat? Ich glaube nicht. Und wenn ihr die Fließen nicht gefallen, muss sie halt künftig woanders putzen – fertig! Wofür haben wir denn Entscheidungsträger, wenn diese Entscheidungen von jedem „Heinrich" und jeder „Hannelore" gestoppt werden können???

Und dann komme ich auch schon zum letzten Punkt beim Thema Politik:

Dieses seltsame sich einigen auf Dinge und das Misslingen von Plänen und deren Misserfolg immer auf die jeweils andere Gruppe zu schieben.

Das ist doch in etwa so:

Partei A ist der Meinung, dass ein Mercedes die beste Lösung ist. Partei B sagt, dass ein BMW die beste Lösung ist. Da man sich nicht auf eines der beiden Autos einigen kann, entschließt man sich dazu, dass man einen Audi kauft.

Dann freuen sich alle, dass niemand das bekommen hat, was er wollte, man aber einen Kompromiss gefunden hat.

Juhu!

Problem: Wenn ich glaube, dass der Mercedes oder der BMW das Beste ist, kann der Audi in keinem Fall die optimale Lösung sein. Keiner von beiden wollte ihn.

Vorteil für beide Parteien: Jede kann sagen, dass sie den Audi nicht wollte, dass die entstandenen Probleme mit dem Mercedes (A) oder dem BMW (B) nicht entstanden wären, aber da die jeweils andere Partei es nicht gewollt hat, ist die Situation nun so, wie sie ist.

Alle lehnen sich zurück und jede Gruppe gibt der anderen die Schuld daran, dass es nicht voran geht.

Prima!

Und das wollen wir?

Ernsthaft?

Natürlich ist das für alle aktiv Beteiligten die beste Lösung, weil so keiner in die Verantwortung genommen werden kann, aber ist das die Stellenbeschreibung?

Und es geht ja immer so weiter.

Weil wir ja immer einem Kompromiss brauchen, mit dem alle Leben können und von dem jeder was hat. Und keiner ist letztlich verantwortlich und muss Konsequenzen befürchten.

Wie wäre es denn stattdessen einfach mal damit, dass die stärkere Partei einfach mal den Mercedes kauft und sich dann daran messen lässt, was die Karre bringt? Und wenn sie richtig liegen, dann dürfen sie weitermachen, weil sie dann wohl wieder als stärkste Kraft gewählt werden und wenn sich herausstellt, dass das ein Griff ins Klo war, dann dürfen die anderen mal zeigen, was der BMW kann.

Ich weiß, dass das ein schwarz-weiß Denken ist, aber es kann doch nicht sein, wenn die einen sagen, das ist das Beste und die anderen sagen, dass etwas völlig anderes das Beste ist, dass wir uns dann damit zufrieden geben, dass wir etwas nehmen, von dem beide überzeugt sind, dass es nicht das Beste ist.

Wie kann das sein?

Was soll das bringen?

Wohin soll uns das bringen?

So, das wollte ich einfach mal dazu gesagt haben :-)